Buenas Noches Pequeño Doctor

POR DR. INTERGALÁCTICO

FOTOS DE VISOEALE
TRADUCIDO POR SRA. IVONNE MOREY

AD ASTRA MEDIA, LLC • VIRGINIA

www.adastrasteammedia.com

ISBN: 978-1-0879-7089-9
IMPRINT: INDEPENDENTLY PUBLISHED

Buenas noches pequeño doctor
Que duermas profundo pequeño doctor

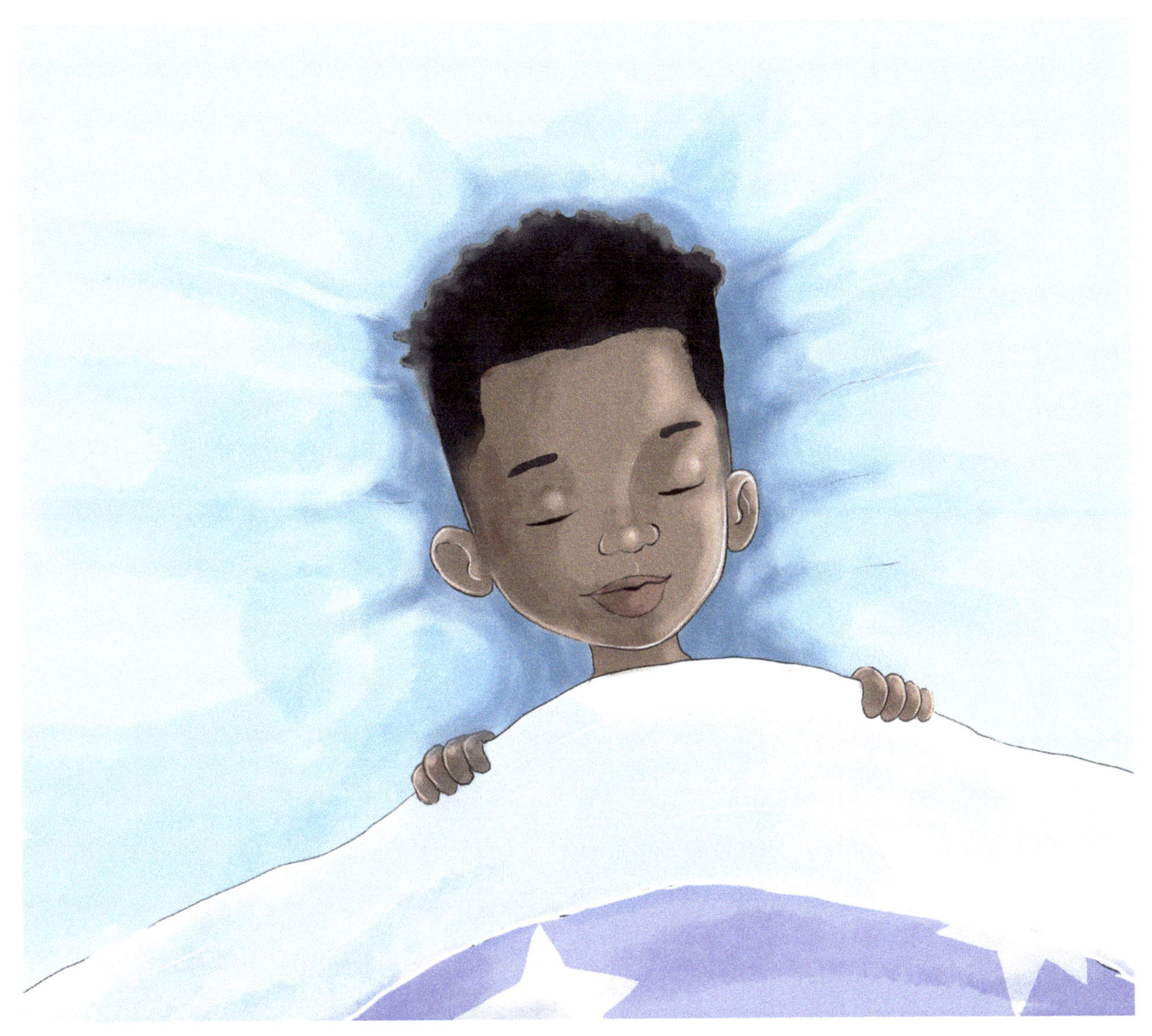

Necesitas tener tu descanso
Para que mañana rindas tu major trabajo

Hay muchos pacientes que atender

¿Cuantos?

¿Uno ó dos ó tal vez tres?

Huesos que arreglar, medicinas que recetar
Eres importante, pequeño doctor para ayudar la
gente a vivir

Buenas noches pequeño doctor
Que duermas profundo pequeño doctor

El sueño es muy importante para descansar tus manos y tu mente

¿Quién cura a los enfermos? Bueno, por supuesto tú puedes doctor

Los doctores tratan el cáncer

y hacen vacunas

Ellos se aseguran que los oidos

y la nariz se mantengan limpio

Ellos atienden a niños, abuelos,

mamás y papás

Ellos te hacen sentir major cuando

estas enfermo

Buenas noches pequeño doctor
Que duermas profundo pequeño doctor

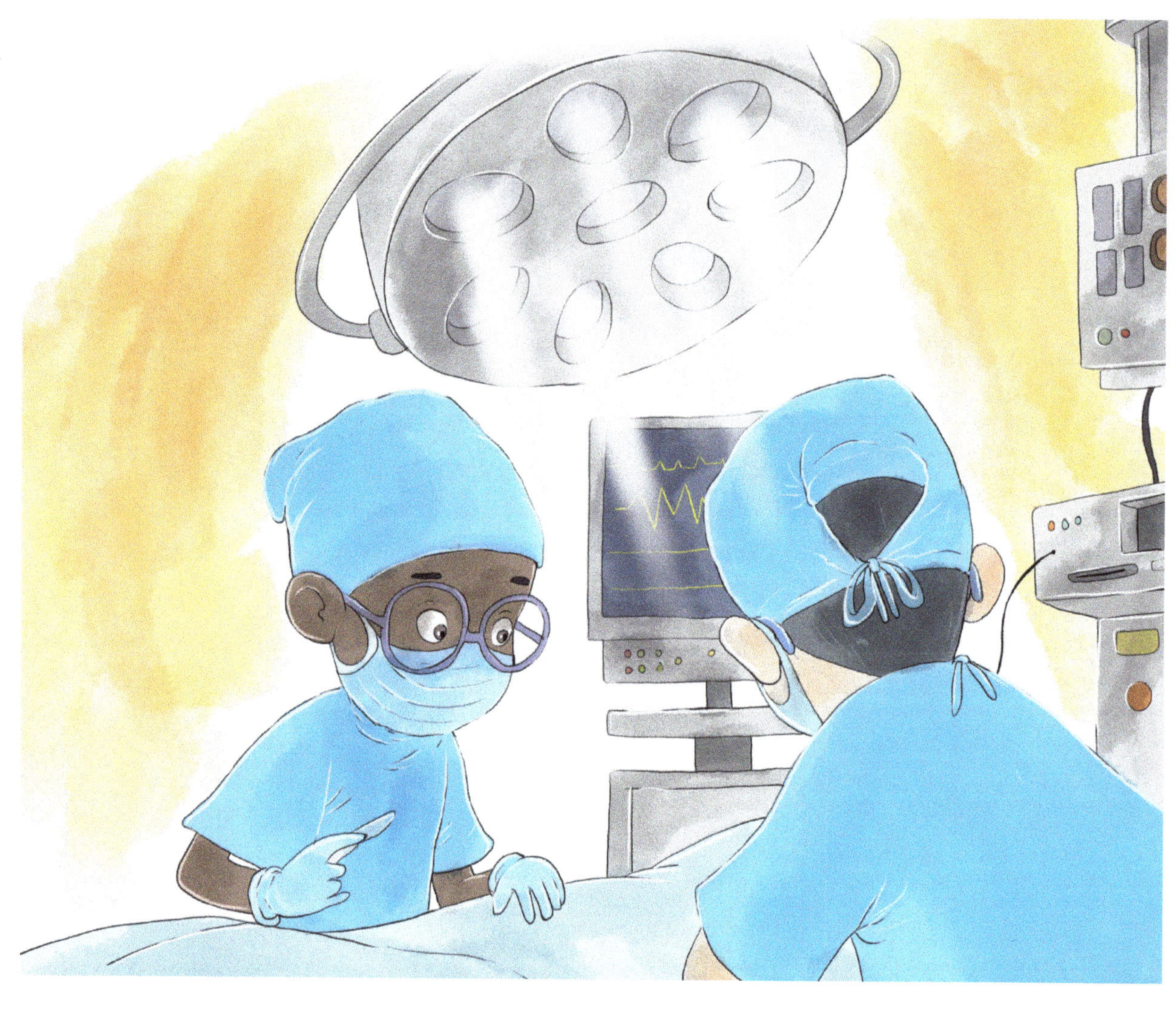

Mañana de pronto estaras en cirugías

Adonde sanarás otros chiquitines

como tú y como yo

Quizás necesites vendajes muy

grandes también...

Los doctors sanan todo tipo

de heridas y golpes

Oh, tal vez te pondrán una injección

Duelen un poco...

¡Pero ayudan mucho!

Buenas noches pequeño doctor
Que duermas profundo pequeño doctor

Los médicos vienen en todos
los tamaños y formas

Ellos te aconsejan que seas obediente

y te comas todas las uvas

Hay doctores pequeños en altura

y altos también

doctors que son niños y otros son niñas

Doctores que hablan inglés, español, francés y en todos los idiomas

Esto los ayuda a comunicarse con todos sus pacientes

Doctores que vienen de ciudades, islas y de
todas partes del mundo

Hay algunos que corren patinetas, cantan y
surfear las mareas

Buenas noches pequeño doctor
Que duermas profundo pequeño doctor

Mañana será un gran día...

Ad Astra Media, LLC es un S.T.E.A.M. de propiedad latina. empresa de medios y entretenimiento educativo que busca renovar la fé en los hechos y la razón y elevar a las comunidades minoritarias y desatendidas brindándoles modelos científicos a seguir en ciencia, tecnología, ingeniería, arte y matemáticas (S.T.E.A.M.) a los que pueden aspirar. Estamos compuestos por personas con experiencia en todos los niveles de producción de medios (T.V. y comercial) y se extiende tanto a la televisión tradicional (redes en español e inglés) como a los principales estudios de cine y servicios de transmisión. Tenemos memorandos de entendimiento con estudios de animación digital apoyados por la Space Foundation y que han trabajado con Disney y Pixar.

 Vea lo que viene a continuación en nuestra diversidad multilingüe S.T.E.A.M.serie infantil del Dr. Intergalactico,

Buenas Noches Pequeña Astrónoma

¿Para Qué Son Las Lágrimas, Mamá?

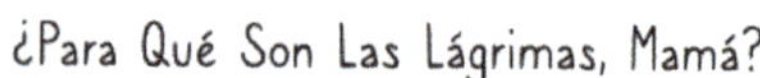